McGraw-Hill Lectura
Maravillas

McGraw Hill Education

Bothell, WA • Chicago, IL • Columbus, OH • New York, NY

Cover and Title pages: Nathan Love

www.mheonline.com/lecturamaravillas

Send all inquiries to:
McGraw-Hill Education
Two Penn Plaza
New York, New York 10121

ISBN: 978-0-02-125837-6
MHID: 0-02-125837-6

Printed in the United States of America.

3 4 5 6 7 8 9 QVS 18 17 16 15 14

A

McGraw-Hill Lectura

Maravillas

CCSS **Lectura / Artes del lenguaje**

Autores

Jana Echevarria   Gilberto D. Soto

Teresa Mlawer   Josefina V. Tinajero

Mc Graw Hill Education

Bothell, WA • Chicago, IL • Columbus, OH • New York, NY

EL GRAN CONCEPTO

Nuestra comunidad

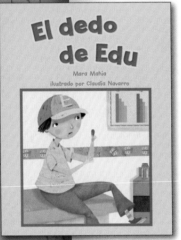

¡Conéctate! http://connected.mcgraw-hill.com/

(tl) Claudia Navarro; (b) Pablo Bernasconi

4

El dedo de Edu

Mara Mahía

ilustrado por Claudia Navarro

CCSS **Género** Ficción realista

Pregunta esencial

¿Qué trabajos se necesitan en una comunidad?

Lee acerca de cómo ayuda el trabajo de un doctor en la comunidad.

 ¡Conéctate!

El dedo de Edu duele.

—¡Duele **aquí**! —dice Edu.

El dedo está lastimado.

El dedo está lila.

¡El dedo duele!

—Vamos al doctor —dice Delia.

—¿Qué hace el doctor? —dice Edu.

—El doctor ayuda —dice Delia.

—¿Qué más hace? —dice Edu.

—El doctor cura a la gente —dice Delia.

En la sala del doctor, Edu dice:

"El doctor ayuda. El doctor cura el dedo".

El doctor mira el dedo de Edu.

¡Edu está **tan** asustado!

El doctor dice: —¿Es este el dedo
que duele?

—El dedo está lastimado —dice Edu.

El doctor estudia el dedo.

Mide el dedo.

Mira el dedo con la lupa.

Toma un pote con hielo.

Tapa el dedo con hielo.

—¿HIELO? —dice Edu.

¡Edu está **como** asustado!

—El hielo cura el dedo —dice el doctor.

Edu puede mover el dedo.

¡El doctor cura a Edu!

¡El dedo está como **nuevo**!

El dedo de Mara Mahía

De pequeña, Mara pasaba sus vacaciones en el campo. Una vez la picó una abeja. ¡La picó en un dedo! El dolor era terrible. Pero por allí no había ningún doctor. Entonces su papá tomó un poco de hielo y se lo puso en el dedo. ¡El dedo sanó!

Silke Hilgers

Propósito de la autora

Mara Mahía quiso mostrar cómo nos ayudan algunos miembros de la comunidad. Haz un dibujo de alguien que ayuda en la comunidad. Rotula tu dibujo.

Respuesta a la lectura

Volver a contar

Vuelve a contar con tus propias palabras "El dedo de Edu". Di quiénes son los personajes, dónde están y qué les sucede.

Personaje	Ambiente	Sucesos

Evidencia en el texto

1. ¿Quién es Edu y dónde está cuando tiene el problema en el dedo? **Personaje, ambiente, sucesos**

2. ¿Qué le pasa al dedo de Edu al comienzo del cuento? ¿Cómo está al final? **Personaje, ambiente, sucesos**

3. ¿Por qué crees que el cuento de Edu puede ser un cuento de ficción realista? **Género**

¿? Haz conexiones

¿Cómo ayuda el doctor en la comunidad donde vive Edu? **Pregunta esencial**

Compara los textos

Lee acerca de lo que hacen los bomberos.

casco

botas

tubo

Bomberos en acción

Suena la alarma en la estación de bomberos. Los **bomberos** bajan por un tubo. ¡A toda prisa se ponen la ropa para trabajar!

Richard Hutchings/PhotoEdit

Los bomberos suben al camión rojo.
¡El camión sale a toda velocidad!
Tiene una **sirena** y luces rojas.
Así se abre el camino entre los carros.

luces

escalera

manguera

Los valientes bomberos se ponen
a trabajar.
Usan mangueras para arrojar agua.
La ropa especial los **protege**.
¡Los bomberos apagan el fuego!

Ya es hora de almorzar.
Los bomberos almuerzan juntos.
Luego, esperan la próxima llamada.

¿? Haz conexiones

¿Cómo ayudan los bomberos a la comunidad?

Pregunta esencial

25

Pregunta esencial

**¿Qué edificios conoces?
¿De qué están hechos?**

Lee acerca de tres cerditos que aman el lodo y un lobo que no está tan convencido...

¡Conéctate!

26

Nito, Nina y Nin aman el lodo

Ellen Tarlow

ilustrado por

Pablo Bernasconi

Nito, Nina y Nin están en su **casa**.

Su casa es de lodo.
¡Y los **tres** aman el lodo!

—¡**Vivir** en el lodo es lo mejor!
—dice Nina.
—¡Vamos a saltar **sobre** el lodo!
—dice Nito.

En ese momento... ¡un susto!
Un animal se asoma a la casa.

Nito y Nin están asustados.

—¿Es un animal malo?

—¿Es un animal astuto?

—¡Es el lobo! —dice Nina.

—No vamos a abrir
—dice Nito.
El lobo se molesta.
Toca, toca y toca.

¿**Ya** salió?

¡No! El lobo insiste tanto que le da tos.

El lobo tose y tose.

¡El lodo le da tos!

Nina, Nito y Nin están asustados.
¡Se toman de la mano y se abrazan!

El lobo patea la casa.
¡Y la casa de lodo se cae!

Nina se asusta.

El lobo patea y tose más. El lodo
lo tapa de lado a lado.

¡El lobo está todo enlodado!

—¡No me gusta este lodo! —dice el lobo.
Nina, Nito y Nin están contentos.
¡Hay lodo por todos lados!

El lobo se va muy molesto.
¡El lodo no le gusta nada!

—Vamos a hacer la casa —dice Nina.

—¡Usemos palos y ladrillos! —dice Nito.

—¡Sí, usemos palos y ladrillos! —dice Nin.

—¡No! Si amamos el lodo, usemos lodo
—dice Nina.
—¡Con lodo hacemos la masa y la casa!
—dicen Nito y Nin.

Pablo Bernasconi
y su montaña de papeles

Pablo Bernasconi ama dibujar animales que hacen cosas divertidas. Su estudio es un revoltijo de papeles y objetos, pero Pablo adora estar rodeado de papeles. ¡Tanto como a los cerditos les gusta el lodo!

Pablo Bernasconi

Propósito del ilustrador

A Pablo Bernasconi le encanta dibujar animales divertidos. Haz un dibujo y escribe una oración sobre un animal que haga cosas divertidas.

Respuesta a la lectura

Volver a contar

Vuelve a contar con tus propias palabras los sucesos importantes de "Nito, Nina y Nin aman el lodo".

Personaje	Ambiente	Sucesos

Evidencia en el texto

1. ¿Cómo son Nina, Nito y Nin? **Personaje**

2. ¿Qué hace el lobo cuando Nina, Nito y Nin no lo dejan pasar?
   Personaje, ambiente, sucesos

3. ¿Cómo te das cuenta de que "Nina, Nito y Nin aman el lodo" es una fantasía? **Género**

Haz conexiones

¿En qué se parece la casa de Nito, Nina y Nin a las casas que conoces? ¿En qué se diferencia? **Pregunta esencial**

Compara los textos

Lee sobre las diferentes casas que se hacen en el mundo.

Casas del mundo

Hay diferentes tipos de casas. **Construimos** nuestra casa según el **lugar** donde vivimos.

Esta casa está construida en la roca.

Esta casa
es de madera.

Esta casa es ideal para lugares
húmedos. ¡Aquí hay mucha
agua! Los pilotes evitan
que la casa se inunde.

Esta casa es ideal para un lugar caluroso.
¡En este lugar hay mucha arcilla!
La gente la usa para construir casas.
La arcilla mantiene la casa fresca.

Esta casa
es de arcilla.

46

Los iglúes se hacen con hielo.

Hay mucho hielo en este lugar. El hielo se usa para construir. Esta casa es un iglú. Los iglúes no sirven para vivir, pero son un buen **refugio** contra el frío.

¿Cómo es tu casa?

¿? Haz conexiones

¿Cuál de estas casas crees que les gustaría más a Nito, Nina y Nin? ¿Por qué? **Pregunta esencial**

Pregunta esencial

¿Dónde viven juntos los animales?

Lee acerca de los animales que viven en una laguna.

¡Conéctate!

Frans Lemmens/The Image Bank/Getty Image

48

En la laguna

Nancy Finton

¿Quién vive en la laguna?

¿Quién va por el agua?
¿Quién va por el pasto?
¿Quién va volando?
¡Vamos! ¡Los invito!

Este animal vive en la laguna.
Nada, salta y se posa **entre** los pétalos.
¿Lo ves?

Ve su alimento y salta.
—¡Ven a mí! —le dice.
¡Le gusta **comer**!
¿Quién es?

Este animal visita la laguna.

Siempre anda volando y nadando.

Mete su pico en todos lados para comer.

¡Mmmmm!

Su nido está en el pasto.
Lo hace con palitos.
¡Ya salen los patitos!
¿Quién es?

(inset) Scott Camazine/Alamy; Morag Cordiner/age fotostock

Ella nada, **pero** también anda
por el pasto.
¡Vive un montón de **años**!
¿Quién es?

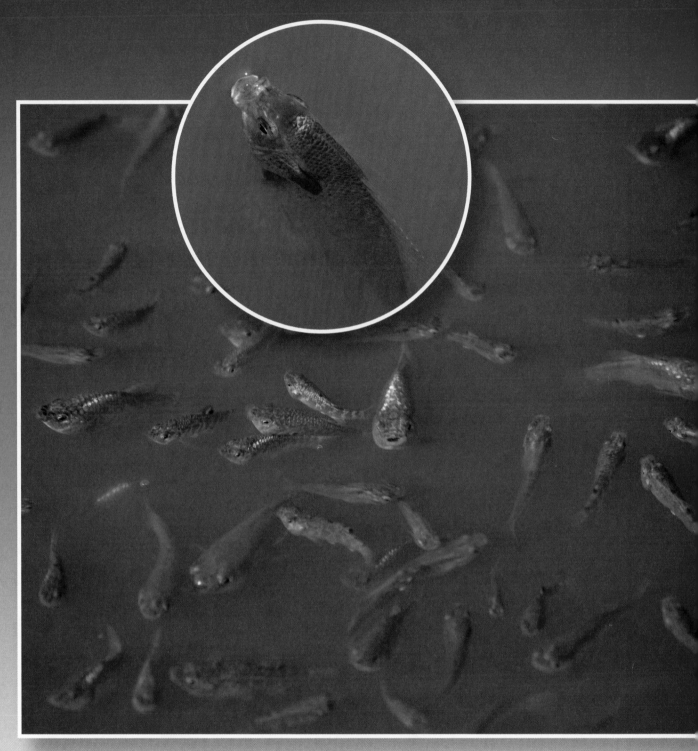

Este animal solo vive en el agua.
Nada, nada y nada.
¿Lo ves? ¡Se asoma para comer!
¿Quién es?

(inset) ARCO/J. Meul/age fotostock; Jason Stemple. Reproduced with permission of Curtis Brown, Ltd.

Este animal está en la laguna.
Lo vemos en todos lados.
Es **grande** y aletea.
¿Quién es?

garceta

mapache

tritón

pez

sapo

castor

¡Mira a estos animales!
¿Quién es quién?

Nancy Finton nos lleva a la laguna

Nancy Finton dice:

"Me encanta vivir en la ciudad. ¡Pero a veces me resulta demasiado grande y ruidosa! Entonces me dan ganas de estar en una laguna tranquila, con las ranas y las tortugas".

Propósito de la autora

Nancy Finton quería escribir sobre los animales de la laguna para que los lectores los conozcan mejor. Dibuja un lugar donde vivan muchos animales. Luego, escribe una oración acerca de tu dibujo.

Respuesta a la lectura

Volver a contar

Vuelve a contar con tus propias palabras los detalles importantes de "En la laguna".

Tema principal		
Detalle	Detalle	Detalle

Evidencia en el texto

1. ¿Sobre qué trata esta lectura?
   Tema principal

2. ¿Qué animales viven en la laguna?
   Detalles clave

3. ¿Cómo sabes que "En la laguna" es un texto de no ficción? **Género**

Haz conexiones

¿En qué se parece la laguna al bosque de "La vida en el bosque"? ¿En qué se diferencian?
Pregunta esencial

(br) Lisa Stokes/Flickr/Getty Images

CCSS **Género** Poesía

Compara los textos

Lee acerca de pajaritos
que viven en un árbol.

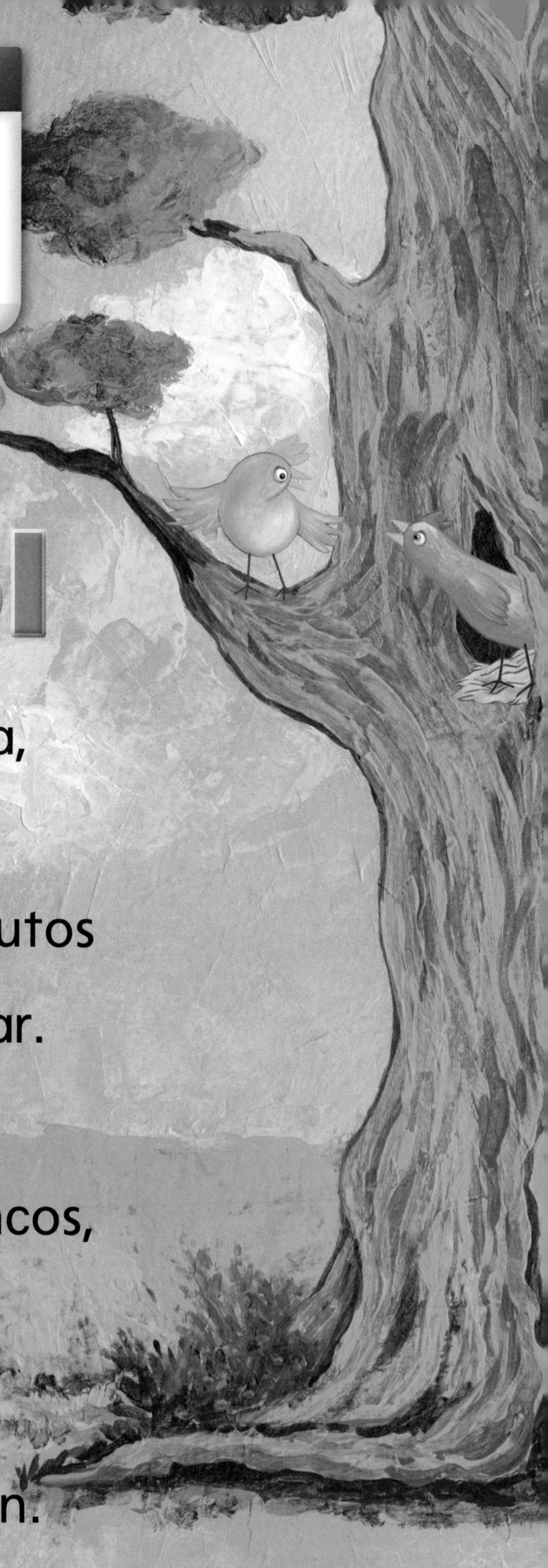

Mi árbol

En el huerto de mi casa,
un árbol voy a plantar;
buena sombra, ricos frutos
muy pronto me va a dar.

En el hueco de los troncos,
los pajaritos harán
un blando y tibio nido,
y en torno de él volarán.

Illustration: Mónica Peña

Mi árbol va a ser muy lindo,

el más fuerte del lugar;

para que sea grande… grande…

siempre lo voy a regar.

Anónimo

¿? Haz conexiones

¿En qué se parece el árbol a la laguna? ¿En qué se diferencia?

Pregunta esencial

Pregunta esencial

¿Cómo ayuda la gente en la comunidad?

Lee acerca de unos animales que quieren plantar árboles.

¡Conéctate!

64

Panes en el parque

Vivian Mansour
ilustrado por Patricia Acosta

—Mira, hay una venta de
pan —dice Lolita.

—¿Una venta de pan? —dice
Tonelón—. ¿Dónde?

—**Ahí**, en el parque Los limones —dice Matilde.

—¡Me gusta! ¡Vamos, amigas! —dice Tonelón.

68

—¿Y para qué es la venta? —dice Matilde.

—La venta es para ayudar
a plantar árboles en el
parque —dice Lolita.

Coma pan
y
plante un árbol

—Yo **quiero** ayudar. Voy a comer
un pan —dice Matilde.

—Quiero comer seis panes
grandes —dice Tonelón.

—Yo quiero dos —dice Lolita.

—Mmm, **casi** me los acabo
todos —dice Tonelón.

—Hay que **llamar** a los amigos para que ellos también ayuden —dice Lolita.

—¿Te gustó, Tonelón?
—dice Lolita.

—**Bueno**, me gusta comer, pero también me gusta ayudar —dice Tonelón.

—¡Con todo lo que comiste,
ya ayudaste a plantar todo un
parque! —dice Matilde.

Vivian Mansour y los animales

Vivian Mansour Manzur

Vivian Mansour dice:
"Siempre disfruté mucho de dar paseos por el parque y de observar a los diferentes animales que viven ahí. Imaginaba que se ayudaban unos a otros y que cada uno tenía una tarea".

Propósito de la autora

Vivian Mansour quería contar una historia de animales que ayudan en su comunidad. Dibuja un animal que ayuda en su comunidad. Escribe algo acerca de él.

Respuesta a la lectura

Volver a contar

Vuelve a contar con tus propias palabras los detalles importantes de "Panes en el parque".

Personaje	Ambiente	Sucesos

Evidencia en el texto

1 ¿Qué sucede en el parque que llama la atención de Lolita, Tonelón y Matilde? **Personaje, ambiente, sucesos**

2 ¿Qué hicieron Lolita, Tonelón y Matilde para ayudar a su comunidad? **Personaje, ambiente, sucesos**

3 ¿Cómo sabes que "Panes en el parque" es una fantasía? **Género**

Haz conexiones

¿Cómo ayuda a la comunidad plantar árboles? **Pregunta esencial**

Compara los textos

Lee acerca de cómo pueden ayudar los niños.

¡Los niños pueden ayudar!

¿Qué pueden hacer los niños en el **vecindario**?

¡Pueden ayudar a hacer una **huerta**! Es divertido sembrar semillas y cuidarlas para que crezcan.

Peter Bennett/Ambient Images/Photolibrary

82

¡Nada mejor que ayudar en la huerta comunitaria! Las plantas son bonitas. ¡Y todos pueden comer frutas y verduras frescas!

Los niños pueden ayudar a limpiar el patio de juegos. Pueden ayudar a juntar la basura. Pueden **reciclar** latas y botellas.

Cuando reciclamos, limpiamos el vecindario. Cuando reciclamos, también ayudamos al planeta.

¿Quieres ayudar en tu vecindario?
Piensa en lo que puedes hacer.

Cómo podemos ayudar

1. Haz una huerta.

2. Limpia el patio de juegos.

3. Recicla latas y botellas.

Haz conexiones

¿Por qué una huerta es buena
para la comunidad? **Pregunta esencial**

Leer juntos

¿? **Pregunta esencial**

¿Cómo encontrar el camino?

Lee para aprender a usar un mapa.

¡Conéctate!

Mapas divertidos

(l) Illustration: Steven Mach; (r) © McGraw-Hill Companies Inc./Ken Karp, photographer

Un mapa es un dibujo de un lugar. **Siempre** es muy útil. Nos dice dónde estamos o cómo ir adonde queremos.

El cuarto de Felipe

Hay mapas de lugares pequeños.
Este es un mapa del cuarto de Felipe.
¿Dónde están las ventanas?
¿Qué hay al lado de la cama?
¿Dónde están los juguetes?

Ciudad Villanueva

Alcaldía

Calle de la Fuente

Mercado

Calle Olivos

Escuela

Calle Central

Calle Palmas

Algunos mapas son de lugares grandes.
Este es el mapa de una ciudad.
¿Qué lugares ves en él?

¿En qué calle está el mercado?
¿Dónde está la estación de bomberos?
¿Cómo vamos de la escuela a la
estación de bomberos?

Hay **muchos** mapas de lugares divertidos.
Este es el mapa de un parque.
El símbolo  indica dónde están las
mesas. ¿Es hora de comer? ¡El mapa nos
ayuda a llegar a **tiempo**!

Clave

= lago

= área de pícnic

= juegos

= campo de béisbol

= música

= puesto de comida

La clave te explica los símbolos.
Usa la clave para buscar lugares.
¿Qué símbolo señala el lago?
¿Qué indica el símbolo ?

Hay mapas de lugares de fantasía.
Este mapa dice dónde hay un tesoro.
¿Qué camino debo tomar para
encontrarlo? Si quiero el tesoro...
¡primero tengo que mirar el mapa!

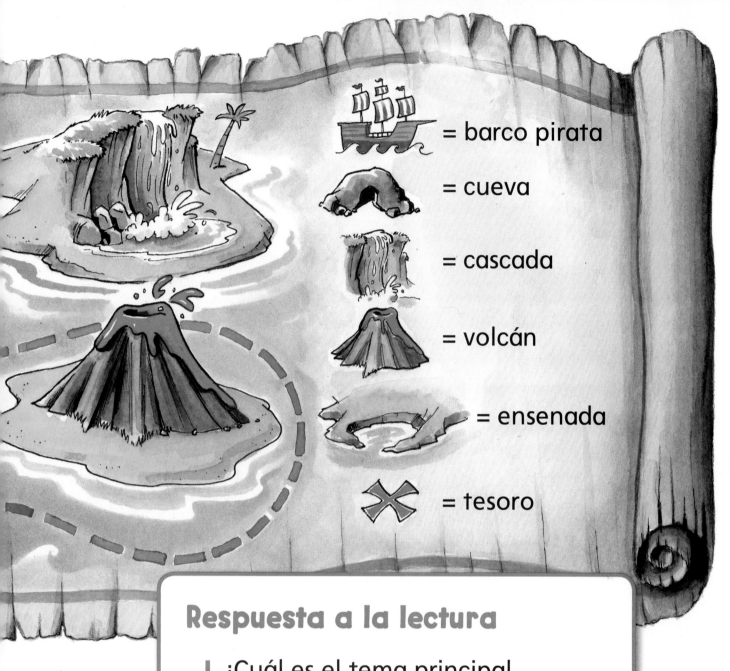

= barco pirata

= cueva

= cascada

= volcán

= ensenada

= tesoro

Respuesta a la lectura

1. ¿Cuál es el tema principal de esta lectura? **Tema principal**

2. ¿Qué datos da el mapa de la ciudad? **Detalles clave**

3. ¿Cómo sabes que "Mapas divertidos" es una lectura de no ficción? **Género**

4. ¿Cómo te ayuda el mapa del parque? **Pregunta esencial**

Compara los textos

Lee acerca de las características de los mapas.

¿Norte, Sur, Este u Oeste?

Los mapas muestran lugares. Para llegar a esos lugares, seguimos una dirección. Norte, Sur, Este y Oeste son direcciones.

Observa el mapa del zoológico. ¿El león está al norte o al sur de la heladería? ¿Los monos están al este o al oeste?

Illustration: Steven Mach

94

Zoológico

Clave

N = Norte
E = Este
S = Sur
O = Oeste

Haz conexiones

¿Qué hay al norte del campo de béisbol en el mapa del Parque Fabuloso? **Pregunta esencial**

Glosario

¿Qué es un glosario? Un glosario ayuda a comprender el significado de algunas palabras. Las palabras se presentan en orden alfabético. Se suelen mostrar en una oración de ejemplo. A veces hay una foto que las ilustra.

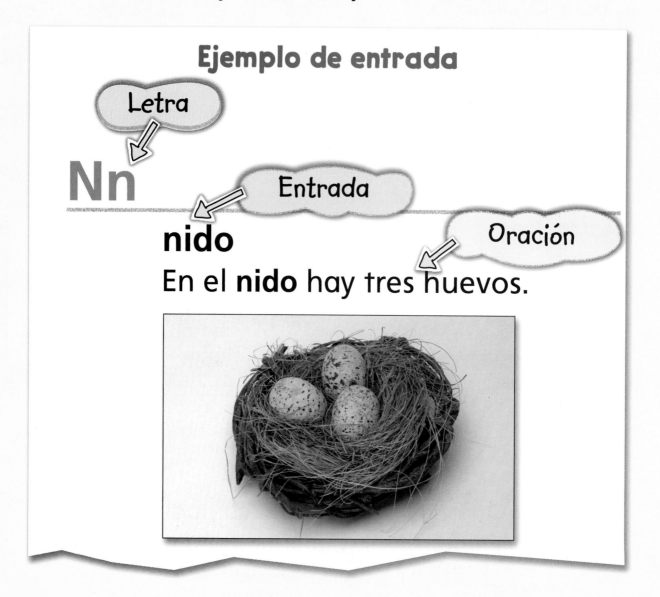

Ejemplo de entrada

Letra

Nn

Entrada

nido

Oración

En el **nido** hay tres huevos.

Aa

animal

El león es un **animal** salvaje.

Bb

bomberos

Los **bomberos** apagan el fuego.

Cc

casa

El perro duerme en su **casa**.

comer

Me encanta **comer** chocolate.

Dd

dedo

Un **dedo** sobre los labios es señal de silencio.

Gg

grande

La casa de mi abuelo es **grande**.

Ii

invito

Invito a mis amigos a jugar.

Ll

llamar

A Lisa le gusta **llamar** a su amiga.

(t) R. Nelson/Flickr/Getty Images; (b) Visage/Stockbyte/Getty Images

Nn

nido

En el **nido** hay tres huevos.

Pp

primero

Javier llegó **primero**.

Rr

reciclar

Me gusta **reciclar**.

Tt

tiempo

Tenemos **tiempo** para jugar.

tres

Estos son **tres** tipos de fruta.

Vv

vive

Susana **vive** en mi vecindario.

(t) IT Anu Wintschalek/Flickr Open/Getty Images; (b) Nathan Bilow/Allsport Concepts/Getty Images